(GRUPPA by Anna Fiske)

Copyright © 2014 by Anna Fiske
Japanese translation rights arranged with NO COMPRENDO PRESS
through Japan UNI Agency, Inc.

・・・・・・・・

ブックデザイン：坂川栄治＋鳴田小夜子（坂川事務所）

話し足りないことはない？

「対人不安が和らぐグループセラピー」

GRUPPA by Anna Fiske

アンナ・フィスケ
枇谷玲子＝訳

晶文社

9月第1週

＊温かみのある心地よさを表すノルウェー語

9月第2週

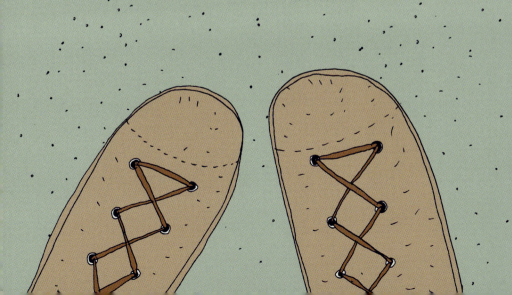

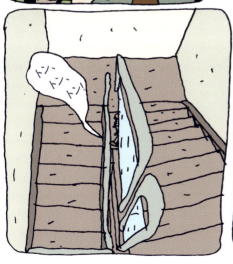

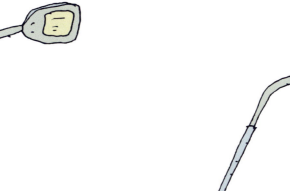

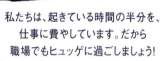

9月第3週

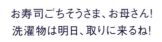

9月第4週

10月第1週

10月第2週

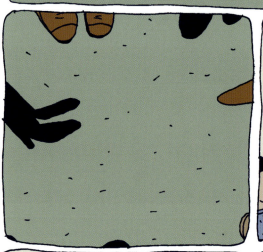

10月第3週

訳者あとがき

　この本は、2014年の5月に私が参加したノルウェー国際翻訳者会議のパーティーで、レーネ・アスクという漫画家から、「これまで読んだ中で一番素晴らしいと思った漫画」として紹介されたものです。

　作者のアンナ・フィスケは1964年、スウェーデン生まれ。ストックホルムにあるスウェーデン国立美術工芸デザイン大学でグラフィック・デザインとイラストレーションを学びました。1992年から作家、イラストレーター、漫画家として活動し、1994年にノルウェーに移住。夫で漫画家のラース・フィスケとオスロに暮らしています。遊び心とオリジナリティに満ちた作風で高い評価を得、「1年で最も美しい本」賞や文化省漫画賞、学校図書館協会文学賞など、のべ15以上の賞をとってきました。2016年、2017年にはアストリッド・リンドグレーン賞にノミネート。また2018年には児童書『川（原題：ELVEN）』で、ノルウェーで最も権威あるブラーゲ賞を受賞しました。悲しみ、喜び、嫉妬、恐怖といった個々の感情に焦点を当てた絵本のシリーズ『感情の図書館──子どもと感情について話そう（原題：Følelsesbiblioteket）』も高い評価を得ています。

　軽度の対人恐怖症を抱える、年齢、性別、状況の異なる6人が、週に1度、グループセラピーの場で心の内を打ち明け合う様を章ごとに異なる視点から描いた本作は、2014年に発表されるやたちまち絶賛され、『私たちの国』『ダーグス・アヴィーセン』の2紙で、年間最優良図書に選ばれました。

　この漫画は、作者自身が15年前、シャイな性格から対人関係に悩み、グループセラピーに通った時の体験を大人向けの漫画に落としこんだものです。例えば若い女性マーリが、まわりの仲よし親子をまねて、母親とカフェでおしゃべりしたり、映画を観たりしても、上手くコミュニケーションがとれず、気まずい空気が流れる様が描かれています。これは作者と母親に実際に起きた出来事です。母親のことが好きなのに、良好な関係が築けないことに苦しんでいた作者も、セラピーに参加し、他では出会わないような人たちと互いに心を開いて話すことで、気持ちが穏やかになり、相手

のタイプに応じた接し方を学び、以前より社交的になれたそう。

「グループセラピー」というのは、「集団精神療法」とも呼ばれ、複数の患者が集まって近況を報告する中で、互いの心について語り合ったり、他の患者の問題点について聞いたり、感想を述べ合ったりするものです。もともと悲観的だった作者も、セラピーを通して、自己を客観的に捉え、自身の対人コミュニケーションの改善点を見いだし、明るい気持ちを取り戻すことができたそうです。北欧でもまだまだ1対1での治療を望む人が多いようですが、グループセラピーも段々ポピュラーになってきています。集団で悩みを共有することで、孤独を和らげることができるこの手法は、うつ病や神経症、アルコール依存症などの治療に効果を挙げています。

物語の中でセラピストは、患者たちが心の悩みを打ち明けられるよう、「その時のこと、もう少し話してもらえますか？」「話し足りないことはない？」「他に共有したい考えや気持ちがある人はいない？」と、さりげなくナビゲートする役目を負います。例えば、このグループは境界線(ボーダー)を見極める場所であり、いらだちを素直に表現しても構わない、と呼びかけたりするセラピストのセリフひとつひとつには重みと説得力があります。また途中、「あの人にこう言われて、どう思いましたか？」と質問したりすることで、自分が素直に発した言葉が聞いている人たちにどんな影響を与え、どんな反応を引き起こすか、参加者が知るよう導きます。

会話を導き出す進行役として重要な役割を担うこのセラピストと患者の関係が、従来の精神医療における医師と患者の関係に見られるような上下関係でなく、対等なところが、現在日本でも話題になっている同じ北欧のフィンランドのオープン・ダイアローグと共通しているように思えます。また、人の気分や光や音を敏感に感じ取ってしまうHSP（敏感すぎる人）についての記述も少しですが出てくる点も注目に値します。

抱いたイメージをそのまま描くと、作品がまとまりを欠いてしまいがちです。作者はこの漫画から少し距離をとることで客観的に捉えられるようにと、一度作品を描いたあと、寝かせたために、完成するまでに7年もの歳月がかかりました。自己の体験をいかに体系的な「物語(ストーリー)」に昇華するかが、製作上の大きなテーマだったと作者はインタビューで述べています。

作中、参加者の1人が空気を読めない発言をしても、他の参加者は誰もあからさまに糾弾せず、部屋に奇妙な沈黙が流れます。感情を描いた作品であるにもかかわらず、不思議なことに、登場人物が感情をぶつけ合う場面はほとんど出てきません。登場人物は悲しみや怒りを表情に出しません。目から涙がこぼれ落ちる様や、会話の独特の間、セリフの細かなニュアンスから、読者は彼らの感情を察します。このような間接的な感情表現は日本人のそれに近いため、外国の作品なのに無理なく共感できるのではないでしょうか。

　一読した時には、単純でさらりと読める軽い話に思えるかもしれませんが、現地では「何回も読めば読むほど細部まで練られ、細かなところまで描きこみがされたイラストに、何だ、こういう意味がこめられていたのかと気づかされ、物語の奥深さに感心させられた」という声が上がっています。本作に出てくる一見、何でもなさそうな短い会話は、実はとてもよく練られて、余分な言葉が極限まで削ぎ落とされています。このようなベテラン作家の熟達したミニマリスティックな表現法には、思わず舌を巻きます。

　癒やしを求める現代人の心に訴えかける本作は、ノルウェー心理学協会の会報で紹介されたり、2015年にノルウェーで開かれた「心の健康会議」という専門家会議で取り上げられたりと、精神医療の専門家からも高い評価を受けています。

　登場人物の心理を真正面から深く掘り下げることで、物語を読む人たちの心の闇、苦しみをも取り払いたいというのが作者の願いです。ユーモアとシリアスのバランスも絶妙なこの本の読者が、誰にでも起こりうる代表的な心の問題、苦しみを抱えた6人の異なる登場人物に自己投影し、時に笑い、泣くことで、癒やしを得、自身の感情にまっすぐに向き合い、他者と前向きにコミュニケーションがとれるようになれれば、と作者はインタビューで答えています。写実的すぎない適度にゆるいイラストも、読者の緊張した心をほぐすのに最適、と現地では評されています。

　日本でも本作が、「読むセラピー」として、多くの読者に愛されますよう、願いをこめて。

2019年2月　枇谷玲子

著者について

アンナ・フィスケ（Anna Fiske）

1964年、スウェーデン生まれ。ストックホルムにあるスウェーデン国立美術工芸デザイン大学でグラフィック・デザインとイラストレーションを学んだ後、1992年から漫画家、イラストレーターとして活動開始。1994年、ノルウェーに移住。絵本や漫画などさまざまな作品を発表している。遊び心とオリジナリティに満ちた作風で高い評価を受け、「1年で最も美しい本」賞や文化省漫画賞、学校図書館協会文学賞など受賞歴多数。2016年、2017年にはアストリッド・リンドグレーン賞にノミネート。2018年には児童書『川』で、ノルウェーで最も権威あるブラーゲ賞を受賞した。その作品は多くの言語に翻訳され、中でも絵本『こんにちは、地球』シリーズは中国で刊行されると、発売半年で7万部以上のセールを記録。夫で、同じく漫画家のラース・フィスケとオスロに在住。

訳者について

枇谷玲子（ひだに・れいこ）

1980年、富山県生まれ。2003年、デンマーク教育大学児童文学センターに留学（学位未取得）。2005年、大阪外国語大学（現大阪大学）卒業。在学中の2005年に翻訳家デビュー。北欧の書籍の紹介に注力している。主な訳書に、『鈍感な世界に生きる敏感な人たち』（ディスカヴァー・トゥエンティワン）、『北欧式 お金と経済がわかる本』（翔泳社）、『北欧式 眠くならない数学の本』（三省堂）、『自分で考えよう』『おおきく考えよう』『デンマーク幸福研究所が教える「幸せ」の定義』（晶文社）など。

| 話し足りないことはない？——対人不安が和らぐグループセラピー |

2019年4月10日 初版

著者 アンナ・フィスケ
訳者 枇谷玲子
発行者 株式会社晶文社
〒101-0051 東京都千代田区神田神保町1-11
電話 03-3518-4940（代表）・4942（編集）
URL http://www.shobunsha.co.jp

印刷・製本 ベクトル印刷株式会社

Japanese translation ©Reiko HIDANI 2019
ISBN978-4-7949-7086-2 Printed in Japan

本書を無断で複写複製することは、著作権法上での例外を除き禁じられています。
〈検印廃止〉落丁・乱丁本はお取替えいたします。